Das SUPER SAURIER Abenteuerbuch

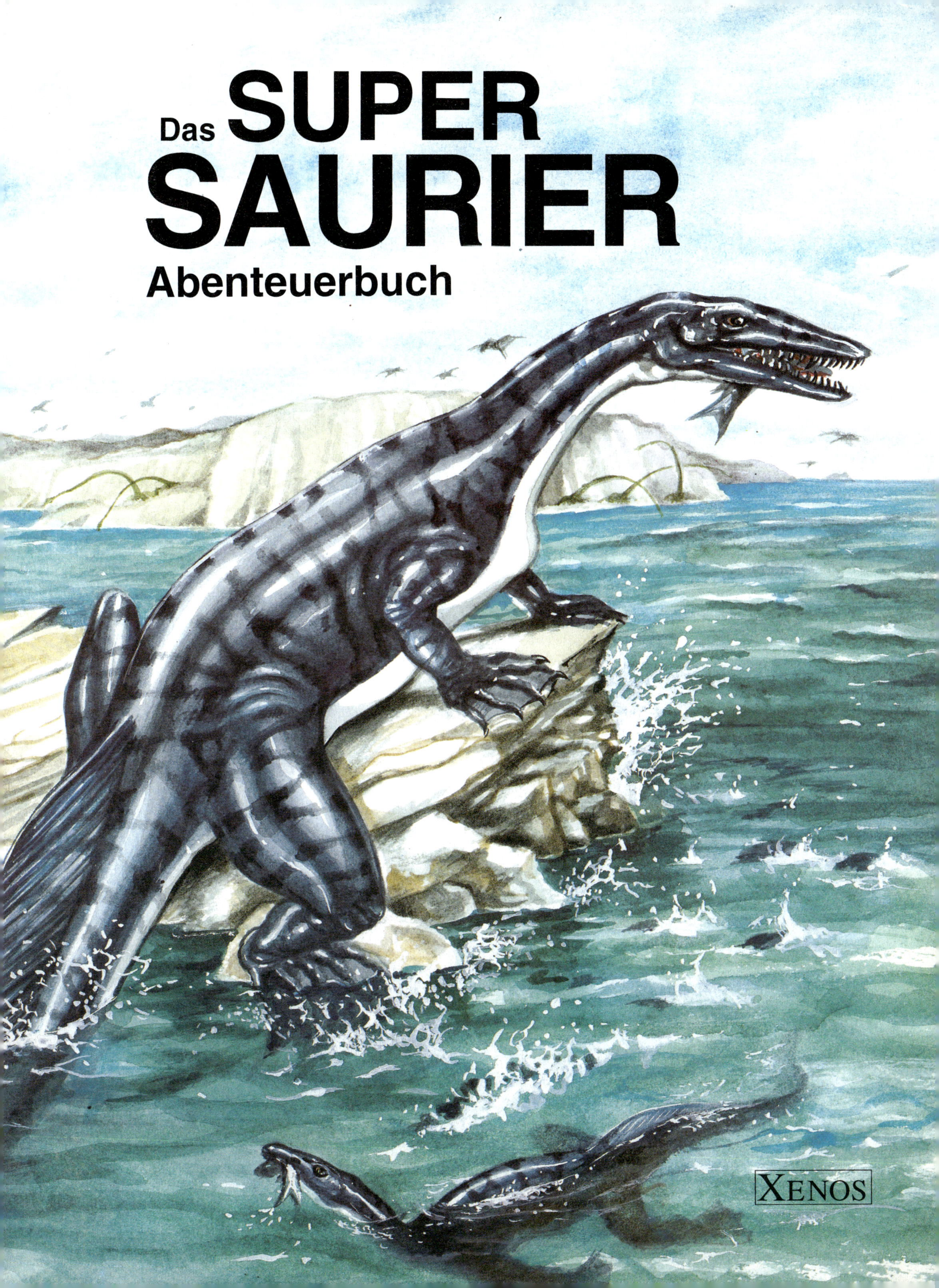

XENOS

SEESCHLANGE

Die Geschichte eines Nothosaurus

Einleitung

Während des Zeitalters der Trias vor 215 Millionen Jahren, noch 25 Millionen Jahre bevor die Brontosaurier die Erde bevölkerten, hingen alle Landmassen der Erde in einem riesigen Kontinent zusammen. Im Osten lag das Tethys-Meer, das sich vom heutigen Frankreich bis dahin erstreckte, wo jetzt Japan liegt.

Zu dieser Zeit gab es Reptilien, die die meiste Zeit ihres Lebens im Wasser verbrachten. Trotzdem wurden ihre Jungen an Land geboren. Ihre Überreste wurden fast überall an den Ufern des Tethys-Meeres gefunden. Die ersten Funde von Reptilien dieser Art gab es in Süddeutschland in einem Gebiet mit weichem Kalkstein, der auch als Muschelkalk bezeichnet wird. Dieser Kalk hatte sich um die Mitte der Trias am Grund eines klaren warmen Meeres abgelagert. Auch im heutigen England haben solche Reptilien gelebt. Für kurze Zeit dehnte sich das Muschelkalk-Meer nach Nordwesten aus und bildete flache Lagunen in Gebieten, die damals Wüste waren.

Die erste genaue Beschreibung dieser schwimmenden Reptilien stammt aus dem Jahre 1855 von Hermann von Meyer. Er untersuchte mehrere Arten, darunter auch den *Nothosaurus andriani*. Nothosaurier konnten bis zu vier Meter lang werden. Sie hatten einen länglichen Schädel mit spitz zulaufenden Kieferknochen, in denen Reihen scharfer Zähne saßen. Mit diesem Maul konnten sie hervorragend Fische fangen. Auf ihrem langen Schwanz trugen sie eine Rückenflosse, zwischen den Zehen hatten sie Schwimmhäute. Die Nothosaurier waren geschickte und kräftige Schwimmer, konnten sich aber auch an Land einigermaßen gut bewegen. In diesem Buch verfolgen wir die Lebensgeschichte eines Nothosauriers, den wir Andrian genannt haben.

Ein Nothosaurier-Weibchen zog sich tief in eine Höhle in den Felsen am Ufer des Meeres zurück, um neun winzige Nothosaurier zur Welt zu bringen. Gleich danach ließ sie ihre Jungen allein, um Fische zu fangen. Bei ihrer Rückkehr würgte sie die halbverdauten Fische wieder hervor, und die Jungen schlangen die Stücke hastig herunter.

Schon nach wenigen Tagen konnten die jungen Nothosaurier allein zum seichten Wasser im Höhleneingang krabbeln. Aber sobald sie Gefahr witterten, zogen sie sich schnell in das sichere Dunkel der Höhle zurück. Schon bald lernten sie, nach Flohkrebsen zwischen den Algen zu schnappen und kleine Fische in den Tümpeln zu fangen, die bei Ebbe stehenblieben.

In den Tessiner Alpen haben Forscher einen erwachsenen Nothosaurier mit sieben Jungen gefunden, die etwa 25 cm lang waren. Darum nehmen sie an, daß die Nothosaurier lebende Junge zur Welt brachten. In Polen wurden in Ablagerungen eines fossilen Meeres aus der Trias neben jungen Nothosauriern große Fischköpfe gefunden. Aus diesem Grund vermuten die Wissenschaftler, daß die Nothosaurier ihre Jungen mit Futter versorgten.

Als die jungen Nothosaurier etwa eine Woche alt waren, wagten sie sich mit ihren Eltern aus der Höhle heraus und gingen an der Küste auf Fischfang. Das Wasser war warm, und die Wellen brachen sich an den Felsen am Ufer. Große *Eudimorphodon*-Pterosaurier stießen aufs Wasser herunter, um Fische mit ihren spitzen Schnäbeln zu fangen. So konnten auch die Nothosaurier erkennen, wo es viele Fische gab. Die erwachsenen Nothosaurier fingen einige Fische, zerbissen sie mit ihren starken Kieferknochen und ließen sie dann zurück. Nun konnten Andrian und die anderen Jungtiere sie leicht auffischen.

Die ersten *Eudimorphodon*-Pterosaurier tauchten in der Trias auf. Die Wissenschaftler nehmen an, daß sie in der Nähe der Küste lebten und sich von Fischen ernährten.

Die Nothosaurier verbrachten viele Stunden auf den Felsen am Ufer und sonnten sich. Von Zeit zu Zeit sprangen sie ins Wasser, um Fische zu fangen oder sich abzukühlen. Eines Tages tauchte auf den Klippen ein fleischfressendes Reptil auf, der *Ticinosuchus*, ein Vorfahre der Dinosaurier. Andrian, der sich gerade auf den Klippen sonnte, entdeckte das hungrige Raubtier, das auf die Gruppe von Nothosauriern zukroch. Er stürzte sich ins Wasser. Durch seine plötzliche Bewegung wurden seine Brüder und Schwestern aufmerksam und folgten ihm. Der *Ticinosuchus* sprang vor, doch die Nothosaurier entkamen und schwammen um eine Landzunge herum in die nächste Bucht.

Der *Ticinosuchus* ist das einzige Landreptil, das in Polen und den Schweizer Alpen im gleichen Gestein gefunden wurde, in dem Wissenschaftler auch Nothosaurier entdeckten.

Hier schien das Wasser wärmer und ruhiger zu sein. Die Nothosaurier schwammen und fraßen Fische. Doch plötzlich drohte ihnen wieder Gefahr: *Askeptosaurus*-Echsen zischten durch das Wasser heran. Mit ihren langen peitschenartigen Schwänzen schwammen sie auf die Nothosaurier zu, die zu den Felsen flohen.

Andrian sprang aus dem Wasser und entkam so den schnappenden Mäulern. Aber einer seiner Brüder hatte nicht solch ein Glück.

Die Entdeckung der meeresbewohnenden Eidechse *Askeptosaurus* in Gestein, in dem man auch Nothosaurier fand, beweist, daß es schon vor 215 Millionen Jahren Eidechsen gab.

Andrian und seine Geschwister lebten jetzt unabhängig von ihren Eltern. Sie zogen an der Küste entlang, bis sie an einen breiten Meeresarm kamen. Dort lebten die Nothosaurier friedlich, bis sie fast erwachsen waren. Wenn die Flut über die schlammigen Ufer heraufströmte, brachte sie viele Fische mit. Mit den Schwimmhäuten zwischen ihren Zehen konnten die Nothosaurier leicht über den Schlamm gehen, um Pfeilschwanzkrebse zu fangen. Nachts schliefen sie ruhig zwischen den Wurzeln großer Bäume. Manchmal näherte sich ein fleischfressender Phytosaurier dem Meeresarm. Doch die Nothosaurier sahen ihn rechtzeitig und konnten sich in Sicherheit bringen.

Fossile Nothosaurier sind an Stellen gefunden worden, an denen man erkennen kann, daß sich hier einmal ein Fluß oder ein großer Meeresarm durch schlammiges Gebiet zog. An ihren Fußabdrücken sieht man, daß sie Schwimmhäute zwischen den Zehen hatten. Im gleichen Gestein fand man auch fossile Pfeilschwanzkrebse und Libellen. Die Pflanzen aus dieser Zeit waren primitive Nadelbäume mit dicken Wurzeln, die wie Mangroven aus dem Sumpf ragten.

Als die jungen Nothosaurier heranwuchsen, wagten sie sich immer öfter an die felsige Küste vor, um dort nach Fischen zu tauchen. Eines Tages kroch Andrian gerade die Felsen hoch. Er hatte einen großen Krebs gefunden, dessen Schale er jetzt knacken wollte, um das weiche Fleisch zu fressen. Um ihn herum saßen auf den Felsen viele *Tanystropheus*-Echsen und tauchten ihre enorm langen Hälse ins Wasser, um zu fischen. Von Zeit zu Zeit glitt eine von ihnen ins Wasser, um zu schwimmen. Zwischen diesen vielen Tieren fand Andrian nur wenig Nahrung, darum schwamm er weiter ins Meer hinaus.

Viele Jahre wunderten sich die Forscher über die langen Halsknochen des *Tanystropheus*. Zuerst nahmen sie an, daß es die Flügelknochen eines fliegenden Reptils sein müßten. Erst als in den Tessiner Alpen ein vollständiges *Tanystropheus*-Skelett entdeckt wurde, erkannten sie, daß dies Echsen mit einem bis zu drei Meter langen Hals waren. Im Trias-Gestein in Deutschland fand man Krebse und Krabben, die unseren heutigen Tieren sehr ähnlich sind.

Als Andrian durch das Wasser schwamm, traf er auf einen Schwarm von Ammoniten, die ihre langen Fangarme hinter sich herzogen. Er tauchte hinab und packte einen der Ammoniten mit seinen starken Kiefern. Doch als er kräftig zubiß, war er plötzlich von einer dicken Wolke aus schwarzer Tinte eingenebelt. Er schnappte einen anderen Ammoniten, aber der schlang Andrian seine Fangarme um den Kopf. Da mußte er loslassen. Die anderen Ammoniten waren inzwischen weitergeschwommen. Sie stießen einen kräftigen Wasserstrahl aus und bewegten sich dadurch vorwärts.

In den Meeren lebten viele Ammoniten, man findet sie heute oft in versteinerter Form. Sogar ihre Tintenbeutel sind manchmal in den fossilen Funden noch gut zu erkennen. Am Gehäuse eines Ammoniten konnten die Wissenschaftler 16 Bißstellen entdecken, die offensichtlich von einem jungen Meeresreptil stammten.

Andrian ließ sich an einem Küstenstreifen nieder, wo schon eine größere Kolonie von Nothosauriern lebte. Er kroch auf die Felsen und legte sich in die Sonne.

Später suchte er sich ein Weibchen, mit dem er sich paarte. Als ihre Jungen zur Welt kamen, zogen sie in eine Höhle um. Während der nächsten Monate waren die Eltern damit beschäftigt, für ihre schnell wachsenden Jungen Nahrung zu fangen. Und immer mußten die Eltern auf gefährliche Pterosaurier achtgeben, die plötzlich aus der Luft herabstießen, um sich junge Nothosaurier zu schnappen.

In den heutigen Tessiner Alpen, wo früher die Ufer eines Meeres waren, hat man viele fossile Nothosaurier gefunden. Aber auch in ehemaligen Meereshöhlen im heutigen Polen gab es reiche Funde. An mehreren Stellen entdeckten die Forscher viele Jungtiere zusammen. Deshalb nehmen sie an, daß die Nothosaurier ihre Jungen gemeinsam aufzogen.

Als Andrian und seine Familie einmal auf Fischfang waren, begegneten sie einer Gruppe von neugeborenen Ichthyosauriern aus der Familie *Mixosaurus*. Andrian und sein Weibchen jagten den Jungtieren nach, aber die *Mixosaurus*-Mutter stürzte sich auf Andrian, zerfetzte ihm die Haut im Gesicht mit ihren scharfen Zähnen und verpaßte ihm einen kräftigen Schlag mit ihrem Schwanz. Die Nothosaurier zogen sich schleunigst zurück. Sie ließen die Ichtyosaurier-Familie lieber zufrieden und machten sich auf die Suche nach anderer Beute.

Ichthyosaurier waren fischförmige Reptilien, die etwa 30 cm lange lebendige Junge zur Welt brachten. Bei einigen Funden sind Hautreste von der Rückenflosse gefunden worden. Anhand der Pigmentzellen dieser Hautreste konnten die Wissenschaftler darauf schließen, welche Farbe die Ichthyosaurier hatten.

Immer wieder tobten mächtige Stürme über dem Meer und brachen über die Küstenstriche herein. Die Nothosaurier mußten sich in tiefen Höhlen in Sicherheit bringen oder an Land klettern. Eines Tages aber wurden Andrian und seine Familie auf dem offenen Meer von einem besonders heftigen Sturm überrascht. Durch eine schmale Meerenge wurden sie zu einer Gruppe kleiner Inseln getrieben. Dort war das Wasser seichter und klarer. Die Nothosaurier zogen auf die Windschattenseite der Insel und entdeckten eine Höhle, in der sie Schutz und Ruhe fanden. Als der Sturm sich gelegt hatte, erkundeten sie die Insel. Sie stießen auf einige andere Nothosaurier und gründeten mit ihnen eine neue Kolonie.

Im südwestlichen Polen gab es früher eine Kette von Inseln. Sie trennten das urzeitliche Tethys-Meer vom flachen, klaren Muschelkalk-Meer, das im heutigen Süddeutschland und Ostfrankreich lag. Daß es in der Trias gewaltige Stürme gab, erkennt man an Kiesmassen, die in Höhlen hineingeschwemmt wurden. Manche Höhlen sind sogar bis oben hin mit Kies gefüllt. In Deutschland sind im Gestein der Trias Libellen, Käfer und Schaben gefunden worden.

Andrian und seine Familie fühlten sich an den Ufern dieses seichten Binnenmeeres wohl. Auf dem Grund gab es viele verschiedene Muscheln, Korallen und Schwämme. Schwärme von Fischen lebten hier. Die Nothosaurier fanden reichlich Nahrung, das Wasser war warm und klar. Es lebten auch andere Meeresreptilien im Wasser und am Ufer, aber keines davon war eine Gefahr für die Nothosaurier.

Außer Schwämmen, Korallen und Muscheln sind im Muschelkalk-Meer gepanzerte Reptilien entdeckt worden: Placodontier. Sie hatten große, flache Mahlzähne, mit denen sie sehr gut Muscheln und andere Schalentiere fressen konnten. An den Versteinerungen aus der Trias kann man auch erkennen, daß die Fische in dieser Zeit eine Wirbelsäule hatten, die am Schwanzende nach oben gebogen war.

Inzwischen waren die Jungen groß genug geworden, um für sich selbst zu sorgen. Andrian schwamm wieder einmal allein aufs Meer hinaus. Plötzlich erfaßte ihn eine starke Strömung und trieb ihn ab. Er kam an eine Küste mit üppigen Pflanzen. Sumpfige Wälder voller Fische, Amphibien und Insekten fand er. Fliegende Eidechsen glitten von den Bäumen herab, kleine Dinosaurier fraßen von den saftigen grünen Blättern. Andrian zog weiter, die Küste entlang nach Nordwesten. Bald gab es immer weniger tropische Pflanzen.

An der Küste bestanden die Wälder meistens aus *Voltzien*, die den Schuppentannen ähnlich sehen. Aber es gab auch viele Farne, Bärlappgewächse und Schachtelhalme. In den Wäldern lebten fliegende Eidechsen, die *Icarosaurier*. Sie hatten zwischen Rippen und Vorderbeinen eine feste Haut, die sich beim Gehen zusammenfaltete. In Deutschland und im südwestlichen England hat man auch pflanzenfressende Dinosaurier wie den *Thecodontosaurus* gefunden.

Die Landschaft war jetzt nicht mehr so sumpfig wie vorher. Es gab breite offene Lagunen mit Pflanzen an den Ufern. Andrian traf auf pflanzenfressende Rhynchosaurier, die mit ihren knochigen Schnäbeln Wurzeln ausgruben. Es gab reichlich Nahrung und nur wenige Feinde. Nur gelegentlich tauchte eine kleine Gruppe fleischfressender Dinosaurier auf. Aber Andrian konnte sich immer schnell im Wasser in Sicherheit bringen. In den Buchten gab es viele Fische. Manchmal fing Andrian einen *Gerrothorax*, der einem Molch ähnlich sah und der durch weiche außenliegende Kiemen atmete. Aber es gab nur wenige andere Nothosaurier. Und an der Küste fanden sie keine Höhlen, in denen sie ihre Jungen in Sicherheit großziehen konnten.

In der mittleren Trias erstreckte sich das Meer vom heutigen Deutschland über Holland bis nach England. Vorher war das gleiche Gebiet eine Wüste gewesen. In England haben die Forscher viele gepanzerte Amphibien gefunden, in Schottland auch einige zweibeinige Fleischfresser, z.B. den *Ornithosuchus*. Die erste bekannte Schildkröte stammt auch aus dieser Zeit. Sie wird *Proganochelys* genannt und hatte Zähne.

Das Wasser in den Buchten wurde flacher und flacher. Die Sümpfe trockneten aus, der Boden bekam durch die Trockenheit tiefe Risse. Kleine Eidechsen huschten auf dem Sand umher. Andrian beobachtete *Mastodonsaurier*, behäbige gepanzerte Amphibien, und fleischfressende *Chirotheria*, die auf der Suche nach Beute durch das Land zogen. Noch konnte er einzelne Fische in den Tümpeln finden. Aber das Wasser wurde immer weniger.

Als die Buchten langsam austrockneten, bildeten sich Salzkrusten auf dem Boden. Andrian wußte instinktiv, daß er in dieser Umgebung nicht lange überleben konnte. Er mußte wieder ins Meer zurückkehren. Aber das Land, durch das er gekommen war, hatte sich verändert. Große Buchten waren zu kleinen Tümpeln geworden. Der Boden war ausgetrocknet, jetzt gab es nur noch heißen Sand. Er schleppte sich weiter auf der Suche nach dem offenen Meer.

Niemand weiß genau, wie lange England von einem Meer bedeckt war. Wahrscheinlich dauerte es nur einige hundert Jahre, bis sich das Wasser wieder zurückzog und die Buchten austrockneten. Zurück blieben große Gebiete von ausgedörrtem Schlamm und Salzablagerungen. In Cheshire hat man Spuren von einem jungen und einem ausgewachsenen *Chirotherium* gefunden, die nebeneinander hergingen. In Mittelengland wurde ein einzelner versteinerter Nothosaurier gefunden. Das ist ein Beweis dafür, daß das Muschelkalk-Meer bis hierhin reichte. Spuren von Regentropfen hat man auch gefunden, aber das waren vermutlich nur kurze Schauer.

Endlich konnte Andrian am Horizont das Meer sehen. Aber bis dahin hatte er noch eine riesige Ebene aus ausgetrocknetem Schlamm und Salz zu überqueren. Die sengende Sonne und der Hunger schwächten ihn immer mehr. Dunkle Wolken zogen sich über dem Meer zusammen und kamen näher. Einige Regentropfen fielen, als er sich über den trockenen Boden vorkämpfte. Es fiel ihm immer schwerer, die Füße zu heben. Schließlich sank er erschöpft zu Boden und fühlte den kühlen Regen, der über seine erhitzte Haut lief. Dann verließ ihn seine Kraft.

BRONTOSAURUS

Eine wiederentdeckte
Lebensgeschichte

Einleitung

Der Dinosaurier, von dem diese Geschichte erzählt, lebte vor etwa 150 Millionen Jahren im Zeitalter des Jura. Er wurde im Gestein des Morrison-Gebirgszuges im Staat Utah in den USA entdeckt. Aber auch im US-Staat Colorado und in Europa haben die Wissenschaftler viele ähnliche Dinosaurier gefunden. Die erste wissenschaftliche Beschreibung eines Brontosaurus wurde 1877 von O. C. Marsh von der Yale Universität verfaßt. Er untersuchte ein fast vollständig gefundenes Skelett und gab ihm den Namen *Apatosaurus ajax*. Bekannter sind diese Saurier und ihre Verwandten unter der Bezeichnung *Brontosaurus*.

Der *Apatosaurus ajax* wog bei seiner Geburt etwa drei Kilo, das ist etwa soviel wie ein neugeborenes Menschenkind. Wenn er erwachsen war, konnte er aber bis zu dreißig Tonnen schwer und etwa zweiundzwanzig Meter lang werden. An Teilen seiner Beinknochen hat man Wachstumsringe entdeckt, bis zu 120 davon wurden bei einigen Funden gezählt.

Fußspuren zeigen, daß der *Apatosaurus* an seinen Füßen dick gepolsterte Ballen hatte, damit die Füße sein enormes Gewicht tragen konnten. An den Vorderfüßen trug er eine Kralle und vier kleine Hufe, an den Hinterfüßen drei Krallen und zwei Hufe. Mit diesen Krallen konnte er in weichem Boden besseren Halt finden. Andere Fußabdrücke stammen von den scharfen Krallen fleischfressender Dinosaurier, die höchstwahrscheinlich die jungen Brontosaurier angegriffen haben.

Diese Geschichte erzählt von einem *Apatosaurus ajax*, den wir passend zu seinem wissenschaftlichen Namen Ajax genannt haben.

Die Eier lagen im warmen Sand. Bald würden die jungen Saurier ausschlüpfen. Ein leises Pochen war schon zu hören, die ersten Risse zeigten sich in den Eierschalen. Winzige Brontosaurier-Babies steckten ihren Kopf aus den Schalen und blinzelten im grellen Sonnenlicht. Sie drehten sich auf die Seite, krochen vollständig aus ihren Eierschalen und purzelten in den Sand. Instinktiv suchten sie sofort Schatten. Plötzlich tauchten große Gestalten am Himmel über ihnen auf. Pterosaurier mit ledrigen Flügeln und furchterregenden Schnäbeln stürzten sich auf die gerade ausgeschlüpften Brontosaurier, um sie zu fressen. Die Jungtiere stolperten davon, aber nicht alle erreichten das schützende Dickicht.

Forscher haben Brontosaurier-Nester mit 15 bis 20 Eiern gefunden. Jedes Ei hatte einen Durchmesser von etwa 20 cm. Verglichen mit einem ausgewachsenen Brontosaurus scheint das winzig zu sein. Aber wenn die Eier größer gewesen wären, dann hätte auch die Schale dicker sein müssen. Durch eine dickere Schale hätte jedoch nicht mehr ausreichend Sauerstoff dringen können, den der Embryo zum Wachstum dringend brauchte.

Frisch geschlüpfte Krokodiljunge sind eine leichte Beute für Stelzvögel wie den Marabu. Ebenso fielen sicherlich viele junge Brontosaurier den Pterosauriern zum Opfer.

Zwei der kleinen Brontosaurier, die ins Unterholz geflüchtet waren, blieben dicht beieinander. Sie fraßen kleine Insekten und saftige junge Blätter. Leuchtendgrüne Eidechsen huschten an ihnen vorbei. Von Zeit zu Zeit glitt *Archaeopteryx*, ein großer vorzeitlicher Vogel mit einem langen Schwanz, vorüber und jagte die beiden über den Boden. Mit den drei Krallen an seinen Flügeln konnte der *Archaeopteryx* sogar an Baumstämmen hochklettern.

Nachts, wenn die Dinosaurier schliefen, kamen kleine spitzmausähnliche Säugetiere hervorgekrochen und gingen nun auf die Jagd nach Insekten und Würmern.

Die fossilen Überreste, die sie im Gestein gefunden haben, verraten den Forschern, welche Tiere zur Zeit der Brontosaurier lebten. Das Alter der Felsen kann man durch Messung der Radioaktivität feststellen. Neben Brontosauriern fand man fliegende Pterosaurier, den *Archaeopteryx*, Eidechsen, kleine Säugetiere, sogar Nachtschmetterlinge, Käfer und Tausendfüßler. Außer Farnen gab es auch schon erste Blütenpflanzen, z.B. *Magnolien.*

Eines Tages, als die beiden jungen Brontosaurier auf einer Waldlichtung nach Nahrung suchten, wurden sie von drei langbeinigen Fleischfressern der Art *Coelurus* überrascht. Die Fleischfresser packten den nächsten der beiden jungen

Brontosaurier und zerfetzten ihn mit ihren scharfen Klauen. Ajax, der den Überfall überlebte, floh ins dichte Blätterwerk, so schnell seine kurzen Beine ihn trugen.

Ajax wanderte weiter und weiter, immer auf der Suche nach Futter. Er wuchs sehr schnell. Seine staubige Haut begann sich zu lösen, und darunter kam eine neue, glänzendere Haut zum Vorschein. Auch sein Hals wurde länger. So konnte er besser die zarten Blätter erreichen, die weiter oben an den Bäumen wuchsen. Manchmal aber fand er nichts anderes als alte, harte Blätter, die sehr schwer zu verdauen waren. Eines Tages kam er auf seiner Wanderung durch ein ausgetrocknetes Flußbett. Dort fand er viele runde Kieselsteine, von denen er einige ins Maul nahm und verschluckte. Wenn er nun wieder einmal harte Blätter essen mußte, halfen diese Steine ihm dabei, die Blätter zu verdauen. Sie rieben das harte Laub in seinem Magen klein.

Während Ajax Steine sammelte, tauchte eine kleine *Hypsilophodon*-Herde auf. Sie versammelten sich auf der Lichtung, um von den dort wachsenden Pflanzen zu fressen. Als Ajax die kleinen Saurier entdeckte, erschrak er. Er schlug als Warnung heftig mit dem Schwanz. Er wußte ja nicht genau, ob seine Besucher Fleischfresser waren, die ihn vielleicht angreifen wollten. Aber die *Hypsilophodonten* flohen vor ihm in den Wald.

Da die Haut der Brontosaurier nicht erhalten ist, weiß niemand genau, welche Farbe sie hatten. Wahrscheinlich hatten aber die Jungtiere ein Tarnmuster, das sich verlor, wenn die Tiere älter wurden. Alte Brontosaurier waren möglicherweise grau.

An den Zähnen kann man erkennen, daß die Brontosaurier Pflanzenfresser waren. Bei einigen hat man sogar fossile Reste ihrer Nahrung im Magen gefunden. Auch Steine wurden in Mägen von Brontosauriern entdeckt. Die Wissenschaftler nehmen an, daß sie die gleiche Funktion haben wie die Verdauungssteine bei Krokodilen.

Ajax streifte durch die Wälder, fraß und wuchs. Jahre vergingen. Eines Tages während der Regenzeit gab es einen gewaltigen Sturm. Der Wind fegte durch den Wald, riß riesige Bäume um und warf sie zu Boden. Der ganze Wald schwankte. Äste flogen durch die Luft. Ein gezackter Blitz schoß über den Himmel, gleich darauf grollte ein mächtiger Donner. Dann öffnete der Himmel seine Schleusen, und es regnete in Strömen.

Ajax rannte. Er floh vor den Wassermassen, den berstenden Bäumen, dem Blitz und dem Donner, der sich schrecklicher anhörte als ein Vulkanausbruch. Er rannte und rannte ohne zu wissen, wohin. Schließlich legte sich der Sturm, und Ajax ließ sich zu Boden fallen. Erschöpft schlief er ein.

Als Ajax erwachte, war er nicht mehr in dem Wald, den er sein Leben lang gekannt hatte. Hier standen die Bäume nicht so dicht, es war auch nicht so schattig. Er trottete dahin und fraß. Schließlich kam er an den Waldrand. Vor ihm erstreckte sich eine weite Ebene. Ein Stück von ihm entfernt äste eine *Camptosaurus*-Herde.

Eine Zeitlang blieb Ajax am Waldrand stehen. Dann wagte er sich langsam immer weiter in die Ebene vor. Die Pflanzen dort hatten ein dunkleres, kräftigeres Grün. Er wußte: das bedeutete, daß sie saftiger und zarter waren.

An fossilen Überresten von Pflanzen und Hölzern kann man erkennen, wie die Landschaft früher ausgesehen hat. Überall in den Wäldern, Ebenen und Sümpfen waren Fußspuren von Dinosauriern.

Langsam wagte sich Ajax auf die weite Ebene vor. Er sah, daß er sich in den Sümpfen am Ufer eines Sees befand. Er watete ins Wasser und begann, Pflanzen auszurupfen und mit vollen Backen Wasserpflanzen zu schlucken. Auf einer Sandbank in der Nähe standen kleine Grüppchen dick gepanzerter *Acanthopholis* und fraßen Schachtelhalm-Pflanzen. Blaue Libellen schwebten über der Wasseroberfläche oder hielten sich an den Halmen fest.

Es war ein herrlicher Platz. Plötzlich sah Ajax zwei schuppige Baumstämme auf sich zuschwimmen. Sie kamen immer schneller näher. Ihre riesigen Mäuler öffneten sich.

Ajax hob schnell den Kopf aus dem Wasser, drehte sich um, so rasch er konnte, und schlug mit dem Schwanz. Die beiden Krokodile schwammen davon und machten sich auf die Suche nach einer leichteren Beute.

Da Ajax so groß war, heizte sich seine Haut im Laufe des Tages stark auf. Darum hielt er sich gern im und am Wasser auf, um sich immer wieder abzukühlen. An seinen Nasenlöchern, die sich weit oben auf dem Schädel befanden, erkennt man, daß er ein Luftatmer war, der viel Zeit im Wasser verbrachte.

Als Ajax etwas später über einen sandigen Hügel wanderte, hörte er einen schrillen Schrei. Er lief auf das Geräusch zu und sah einen Artgenossen, der von einem gefährlichen fleischfressenden *Ceratosaurus* angegriffen wurde. Ajax rannte auf den Angreifer zu und schlug heftig mit seinem Schwanz. Verblüfft über dieses plötzliche Eingreifen hielt der *Ceratosaurus* inne. Ajax hieb ihm seinen Schwanz über den Rücken, und der *Ceratosaurus* ergriff entsetzt die Flucht. Erst als die beiden Brontosaurier allein waren, spürte Ajax einen scharfen Schmerz in seinem Schwanz. Er hatte ihn sich gebrochen.

So hatte Ajax einen Gefährten kennengelernt – ein junges Brontosaurier-Weibchen. Wenn die beiden zusammenblieben, waren sie besser gegen Angriffe der gefährlichen Fleischfresser geschützt. Ajax' Schwanz heilte langsam, aber an der Stelle, an der die Knochen zusammenwuchsen, behielt er für immer eine harte Verdickung.

Unter den vielen Brontosaurier-Skeletten, die von Forschern ausgegraben wurden, fand man eines, das am Schwanz eine Verdickung zeigt. Man kann daran erkennen, daß sich dieser Brontosaurier zu Lebzeiten den Schwanz gebrochen hatte. Das Skelett steht in der Welcome Medical Sammlung im Science Museum in London.

Ajax und seine Gefährtin verbrachten ihre Zeit in den Sümpfen. Sie fraßen und wateten durch das seichte Wasser. Eines Tages kamen sie zu einigen größeren Seen, wo sie andere Brontosaurier trafen. Sie wateten tiefer in das Wasser hinein und stellten fest, daß sie schwimmen konnten, wenn sie sich mit den Vorderbeinen am Grund abstießen. Den ganzen Körper hielten sie unter Wasser, nur der Kopf auf dem langen Hals schaute heraus.

Fossile Fußspuren am Ufer des Paluxy-Flusses in Texas beweisen, daß die Brontosaurier tatsächlich schwimmen konnten. Über lange Strecken fand man dort nur die Abdrücke von Vorderfüßen. Nur gelegentlich hatten die Brontosaurier auch die Hinterbeine einmal abgesetzt, wenn sie umdrehen und in eine andere Richtung schwimmen wollten. Und da sie schließlich nicht auf ihren Vorderbeinen gegangen sein können, müssen sie also geschwommen sein.

Monate vergingen. Ajax und seine Gefährtin blieben zusammen. Eines Tages fraßen sie gerade am Ufer des Sees, als sie eine ganze Herde von Artgenossen sahen. Die Brontosaurier grasten am Waldrand. Die beiden jungen Brontosaurier gingen durch den weichen Boden auf die Herde zu. Wo sie hintraten, flogen Schwärme von Insekten auf. Ein ganzer Schwarm von Pterosauriern stieß herab, und die kleinen Flugsaurier pickten mit ihren Schnäbeln nach den Insekten.

Ajax und seine Gefährtin kamen bei der Herde an. Die riesigen erwachsenen Tiere erlaubten ihnen, sich der Herde anzuschließen, in der die Jungtiere von den größeren Erwachsenen beschützt wurden. Langsam zog die Gruppe weiter.

Manchmal, wenn Ajax sich zu weit an die Spitze der Herde vorwagte, wurde er von einem der größeren Männchen mit kräftigen Schwanzschlägen wieder auf seinen Platz zurückgeschickt. Schließlich erreichte die Herde eine Stelle, an der viele Flüsse in einen großen See mündeten. Hier ließen sie sich für viele Jahre nieder, und hier wuchs Ajax auch zu einem erwachsenen Brontosaurier heran.

An den Fußspuren kann man erkennen, daß Brontosaurier in Herden lebten. Wenn sie durch das Land zogen, gingen die jüngeren Tiere zwischen den riesig großen erwachsenen Sauriern. Die Forscher haben aber keine Spuren ganz junger Brontosaurier gefunden. Darum nehmen sie an, daß die Jungtiere sich den Herden erst angeschlossen haben, wenn sie fast erwachsen waren.

Als Ajax ausgewachsen war, forderte er mehrmals den Anführer der Herde zum Kampf heraus. Aber jedesmal bekam er einen kräftigen Schwanzhieb über den Hals und mußte sich wieder zurückziehen.

Eines Tages aber wich Ajax nicht zurück. Das war das Zeichen für die anderen Tiere der Herde, Ajax und den Anführer allein zu lassen. Die beiden Saurier standen nebeneinander, jeder mit dem Kopf am Schwanz des anderen. Denn so würden sie kämpfen. Mit aller Kraft schlugen sie ihre Schwänze gegen den Hals des Gegners. Ajax hatte einen Vorteil. Er war jünger und stärker,

und die knochige Verdickung an seinem Schwanz konnte er als Extrawaffe einsetzen. Schließlich gab der Anführer der Herde auf. Er senkte den Kopf und zog sich langsam rückwärts zurück. Nun war Ajax der neue Anführer der Herde.

> Kämpfe um die Anführerrolle kann man bei vielen tropischen Reptilien in ihrer natürlichen Umgebung beobachten. Deshalb nehmen die Forscher an, daß es solche Kämpfe auch bei den Dinosauriern gab.

Ajax und seine Gefährtin führten nun die Herde gemeinsam an. Jedes Frühjahr zogen sie alle zu den Wäldern, um von den frischen Schößlingen zu fressen. Aber die meiste Zeit des Jahres verbrachten sie in der Nähe der Flüsse und Seen. Und in jedem Frühjahr legten Ajax' Gefährtin und die anderen Weibchen der Herde ihre Eier an einer schattigen Stelle am Waldrand.

Sie bedeckten die Eier mit trockenen Blättern und abgestorbenen Farnwedeln, bevor sie einen kleinen Berg aus Sand darüber anhäuften. Dann wurden die Eier sich selbst überlassen.

Viele fossile zerbrochene Eierschalen wurden gefunden. Nur ganz selten fanden die Wissenschaftler auch das Skelett eines erwachsenen Tieres in der Nähe.

Als die Brontosaurier-Herde schon eine Zeitlang in der Nähe der Seen gelebt hatte, begannen die Flüsse plötzlich auszutrocknen. Es gab kein Wasser mehr, in dem die großen Tiere sich abkühlen konnten. Und auch die Nahrung reichte nicht mehr aus. Die Herde mußte weiterziehen.

Ajax, sein Weibchen und die anderen großen Brontosaurier führten die Herde durch viele ausgetrocknete Flußbetten, bis sie schließlich in eine riesige Wüste kamen. Weit hinten am Horizont konnten sie wolkenverhangene Berge sehen. Sie wußten: wenn sie Wasser finden wollten, mußten sie diese Wüste durchqueren und das Gebirge erreichen.

Also machten sie sich unter der sengenden Sonne auf den Weg. Aber es war eine grausame Wanderung. Es gab keine Nahrung und kein Wasser. Die älteren und schwächeren Tiere brachen bald im Sand zusammen und mußten zurückgelassen werden. Als die Herde schließlich das Gebirge erreichte, war sie nur noch halb so groß.

Fossile Überreste von sehr vielen Brontosauriern sind in Westeuropa gefunden worden. Dort gab es zu dieser Zeit eine etwa 120 Kilometer breite Wüste, die zwischen einem hügeligen Gebiet und den Binnenmeeren lag. Die Wissenschaftler nehmen an, daß viele Saurier auf der Wanderung durch die Wüste gestorben sind.

Als die Brontosaurier endlich die Hügel erreichten, fanden sie Seen und Flüsse, Sümpfe und üppige Pflanzen. Statt zusammenzubleiben, fiel die Herde auseinander. Die Tiere rannten auf das Ufer zu, endlich gab es wieder Wasser und Nahrung. Aber plötzlich tauchte eine Gruppe von riesigen *Allosauriern* auf und schloß die Brontosaurier-Herde ein. Sie hatten schon einige der großen Pflanzenfresser verletzt, als die männlichen Tiere sich in einem schützenden Kreis um die Weibchen und Jungtiere aufstellten. Doch die fleischfressenden *Allosaurier* stürzten sich auf sie und griffen sie mit den messerscharfen Krallen an ihren Hinterbeinen an.

Die Brontosaurier schlugen mit den Schwänzen, um die Angreifer abzuwehren. Tatsächlich gaben sich die Allosaurier auch mit den Tieren zufrieden, die sie schon getötet hatten. Schließlich war die Gefahr überstanden. Ajax führte die wenigen Überlebenden seiner Herde in den sicheren See. In diesem Kampf waren viele Brontosaurier getötet worden, auch Ajax' Weibchen.

Als die Jahre vergingen, wuchs die Herde langsam wieder, und die Tiere wurden wieder stärker. Immer wieder wurde Ajax von jüngeren Männchen zum Kampf herausgefordert. Und eines Tages mußte er tatsächlich um die Führung der Herde kämpfen. Ein junges Männchen wich nicht von der Stelle, obwohl es von Ajax einige heftige Schwanzschläge eingesteckt hatte. Schließlich hatte Ajax nicht mehr genug Kraft zum Kämpfen. Er senkte den Kopf, drehte sich um und verließ die Herde für immer.

Inzwischen war Ajax 120 Jahre alt. Er legte sich in den warmen Sand. Ganz in der Nähe lag ein Brontosaurier-Nest, wo gerade die Jungen aus den Eiern schlüpften. Hungrige Pterosaurier stießen vom Himmel herab, aber ein paar kräftige Schläge von Ajax' mächtigem Schwanz schlugen sie schnell in die Flucht. Die Brontosaurier-Jungen konnten sich in Sicherheit bringen. Ajax schloß zum letzten Mal seine Augen. Um ihn wurde alles ganz still.

PTERODACTYLUS

Die Geschichte eines fliegenden Reptils

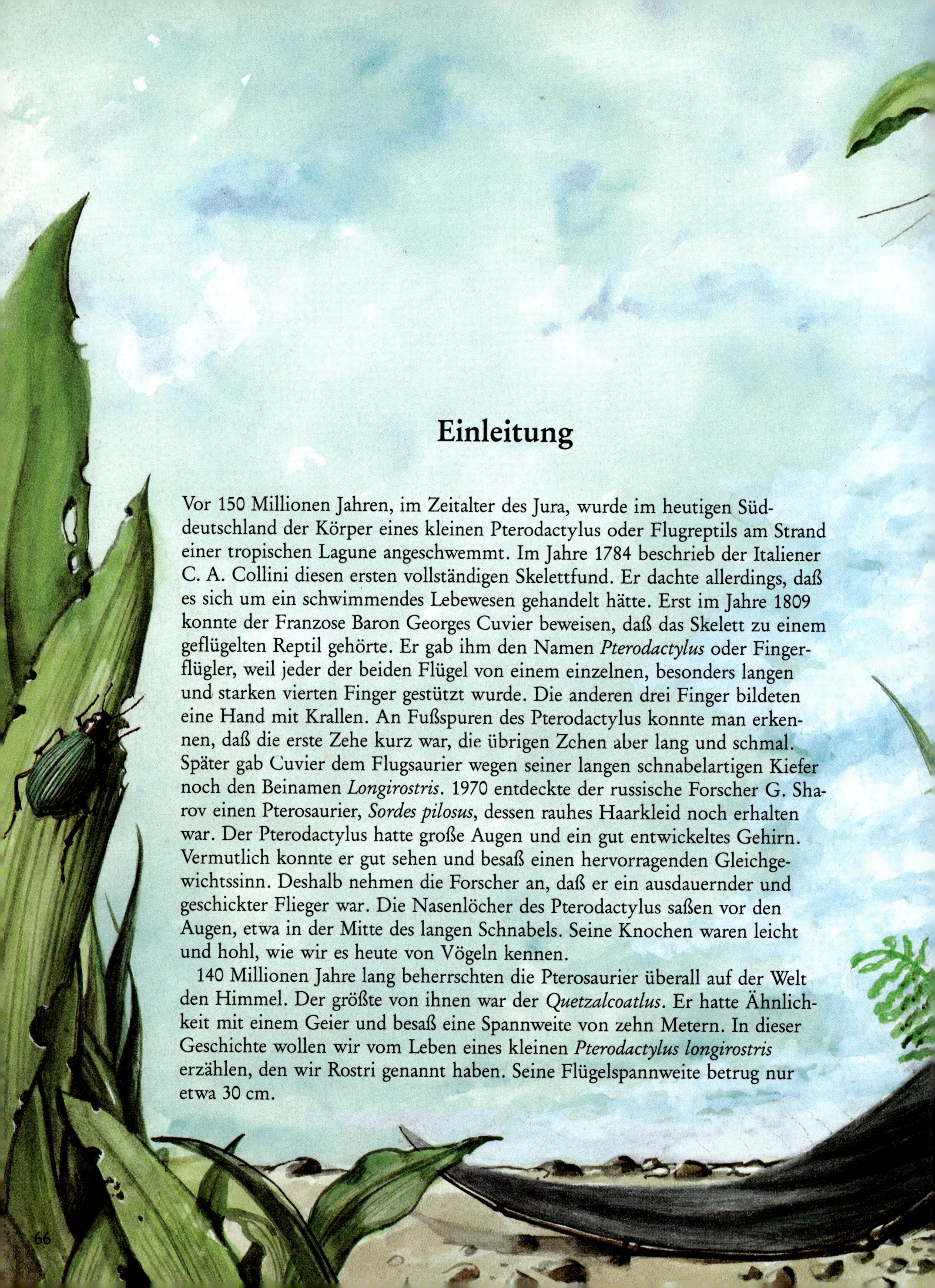

Einleitung

Vor 150 Millionen Jahren, im Zeitalter des Jura, wurde im heutigen Süddeutschland der Körper eines kleinen Pterodactylus oder Flugreptils am Strand einer tropischen Lagune angeschwemmt. Im Jahre 1784 beschrieb der Italiener C. A. Collini diesen ersten vollständigen Skelettfund. Er dachte allerdings, daß es sich um ein schwimmendes Lebewesen gehandelt hätte. Erst im Jahre 1809 konnte der Franzose Baron Georges Cuvier beweisen, daß das Skelett zu einem geflügelten Reptil gehörte. Er gab ihm den Namen *Pterodactylus* oder Fingerflügler, weil jeder der beiden Flügel von einem einzelnen, besonders langen und starken vierten Finger gestützt wurde. Die anderen drei Finger bildeten eine Hand mit Krallen. An Fußspuren des Pterodactylus konnte man erkennen, daß die erste Zehe kurz war, die übrigen Zchen aber lang und schmal. Später gab Cuvier dem Flugsaurier wegen seiner langen schnabelartigen Kiefer noch den Beinamen *Longirostris*. 1970 entdeckte der russische Forscher G. Sharov einen Pterosaurier, *Sordes pilosus*, dessen rauhes Haarkleid noch erhalten war. Der Pterodactylus hatte große Augen und ein gut entwickeltes Gehirn. Vermutlich konnte er gut sehen und besaß einen hervorragenden Gleichgewichtssinn. Deshalb nehmen die Forscher an, daß er ein ausdauernder und geschickter Flieger war. Die Nasenlöcher des Pterodactylus saßen vor den Augen, etwa in der Mitte des langen Schnabels. Seine Knochen waren leicht und hohl, wie wir es heute von Vögeln kennen.

140 Millionen Jahre lang beherrschten die Pterosaurier überall auf der Welt den Himmel. Der größte von ihnen war der *Quetzalcoatlus*. Er hatte Ähnlichkeit mit einem Geier und besaß eine Spannweite von zehn Metern. In dieser Geschichte wollen wir vom Leben eines kleinen *Pterodactylus longirostris* erzählen, den wir Rostri genannt haben. Seine Flügelspannweite betrug nur etwa 30 cm.

Im Unterholz saß eine Pterodactylus-Mutter auf ihren Eiern, die sie zwischen Kiesel und Sand gelegt hatte. Plötzlich spürte sie, wie sich unter ihr etwas bewegte. Ihre vier Eier begannen zu knacken. Eines nach dem anderen schlüpften vier zerknautschte Küken aus. Es dauerte nur wenige Minuten, bis sie getrocknet waren. Dann purzelten sie im Nest umher wie kleine weiche Flaumbällchen. Das größte Küken war Rostri. Vorsichtig faßte die Mutter die zerbrochenen Eierschalen mit den Zähnen in ihrem langen Schnabel und warf sie weit aus dem Nest. Zu leicht könnten sonst Feinde darauf aufmerksam werden, daß hier eine leichte Beute zu finden war.

Die Mutter kauerte sich nieder, und die Jungen kuschelten sich in das weiche Fell unter ihren ledrigen Flügeln. Von Zeit zu Zeit flog sie davon und kam mit einem Schnabel voller saftiger Insekten zurück.

Das Leben eines Pterodactylus beginnt ähnlich wie das eines Vogels, der seine Eier in ein offenes Nest auf dem Erdboden legt. Die Küken kauern sich in das Nest. Ihre Augen sind von Anfang an offen, und die Jungtiere können sehr früh laufen. Obwohl die Jungen sich ihre Nahrung selbst fangen könnten, bleiben sie in der Nähe des Nestes, weil sie am Anfang zusätzlich von ihren Eltern mit fliegenden Insekten gefüttert werden. Es sind nie Eier eines Pterodactylus gefunden worden. Trotzdem kann man sicher sein, daß die Pterodactylen Eier legten, denn das taten alle ihre Verwandten auch.

Nach einigen Tagen verließen die Küken das Nest und begannen, in der Umgebung nach Spinnen und Käfern zu suchen. Überall zirpten Grillen und brachten sich mit großen Sprüngen in Sicherheit. Rostri wollte gerade nach einem leckeren Insekt schnappen, da erschrak er furchtbar. Vier große runde Augen starrten ihn an. Entsetzt sprang er rückwärts und schlug mit den Flügeln. In diesem Augenblick bewegte das Insekt, das einem Schmetterling ähnlich sah, seine Flügel und flog davon.

Die fossile *Kaligramma*, die einem Schmetterling ähnelt, trägt auf ihren Flügeln große »Augen«-Muster. Diese zwei Augenpaare gaukeln ihren Feinden vor, daß sie es mit zwei Tieren zu tun haben, statt in Wirklichkeit nur mit einem. Außer geflügelten Insekten hat man auch fossile Florfliegen, Zykaden, Käfer und Grillen gefunden. Sogar die speziellen Organe an den Beinen der Grillen, die zum Erzeugen der zirpenden Geräusche benutzt wurden, konnte man entdecken.

Eines Tages hörte Rostri schwere Fußtritte näher kommen. Ringsum wurden mit furchterregenden Geräuschen die Pflanzen ausgerissen. Die Küken stoben in alle Richtungen davon, als der Brontosaurier *Dicraeosaurus* sich durch das Unterholz fraß. Aber das Riesentier schreckte auch viele Insekten auf, nach denen die kleinen Pterodactylen hungrig schnappten.

Der 13 Meter lange Brontosaurier *Dicraeosaurus* wurde zusammen mit Überresten von Pterosauriern in einem Gestein in Ostafrika entdeckt. Er war nur halb so lang wie der *Apatosaurus* oder *Brontosaurus*. Zu seiner Zeit gab es noch keine Gräser. Die pflanzenfressenden Saurier ernährten sich von Farnen, Bärlappgewächsen und Schachtelhalmen. Außerdem gab es gedrungene Palmfarne mit langen geschwungenen Wedeln (Cycadeen) und Nadelbäume. Überall in Europa, Nordamerika und Asien hat man im Gestein des Jura auch fossile Überreste des Gingko-Baumes gefunden.

Schon nach drei Wochen schafften die jungen Flugsaurier es, sich durch kräftiges Schlagen mit ihren ledrigen Flügeln in der Luft zu halten. Allerdings blieben sie am Anfang noch dicht über dem Boden. Aber schon bald folgten sie ihren Eltern in größere Höhen. Die Unruhe in der Luft erweckte die Aufmerksamkeit des fleischfressenden *Compsognathus*. Mehrere kamen aus dem Unterholz herausgerannt. Einer sprang hoch, schlug mit seinen Klauen nach den Pterodactylus-Küken und zerriß einem von ihnen den Flügel. Dann schleppte er das jammernde Küken davon, um es zu fressen. Rostri und die anderen überlebenden Saurierküken flohen schnell und versteckten sich zwischen den Blättern.

Bei fossilen Funden des kleinen Fleischfressers *Compsognathus* entdeckten Forscher in seinem Magen Überreste der langschwänzigen Eidechse *Bavarisaurus*. Der *Compsognathus* besaß an seinen Händen je zwei Finger mit langen Krallen. Damit konnte er leicht andere kleine Lebewesen fangen.

Als die Küken flügge waren, hängten sie sich zum Schlafen mit dem Kopf nach unten in hohe Bäume und wickelten ihre Flügel um ihre Körper. Manchmal liefen Eidechsen oder Gekkos an den Baumstämmen hoch, um Insekten zu fangen. Eines Tages erschreckte der gefiederte *Archaeopteryx* die jungen Pterodactylen, als er eines von ihnen mit den Krallen an seinem Flügel packte.

Daß die Pterodactylen zum Ausruhen an den Ästen hingen, erkennt man an ihren vier gebogenen Krallen an den Beinen. Um sich aufrecht sitzend festhalten zu können, müßten sie mindestens eine Zehe besitzen, die in die andere Richtung zeigt. Vom *Archaeopteryx*, dem ersten echten Vogel, hat man im gleichen Gestein wie die Pterodactylen sieben verschiedene Funde entdeckt. Der *Archaeopteryx* hatte Federn und einen Schnabel mit Zähnen. An seinen Flügeln hatte er je drei lange Krallen. Vielleicht war sein Federkleid leuchtend blau wie das eines fleischfressenden tropischen Vogels. Eidechsen, Gekkos und einige Exemplare einer Blindschleiche mit Beinen, des *Dorsetisaurus* sind ebenfalls im Gestein des späten Jura gefunden worden.

Um von seinem Ast aus loszufliegen, öffnete Rostri seine Flügel, lockerte den Griff seiner Krallen und glitt langsam durch die Luft. Als er weit genug von dem Baum entfernt war, begann er kräftig mit den Flügeln zu schlagen. Einmal, als Rostri und seine Geschwister gerade nach einer Ruhepause losgeflogen waren, stieß aus dem Himmel ein langschwänziger *Ramphorhynchus* herab und schnappte mit seinem scharfen Schnabel nach den Jungen. Rostri hatte großes Glück, daß er entkommen konnte.

Der *Ramphorhynchus* hatte einen langen Schwanz und Zähne in seinem Schnabel. Er ernährte sich hauptsächlich von Fischen, auf die er sich aus der Luft stürzte. Ein langsam dahingleitender Pterodactylus war aber auch eine leichte Beute für ihn.

Rostri gesellte sich zu einer kleinen Gruppe von Pterodactylen. Gemeinsam folgten sie einigen Fabrosauriern, die nur so groß wie Hühner waren. Die Fabrosaurier waren auf der Suche nach zarten Pflanzen, die sie fressen konnten. Langsam wurde der Boden sumpfiger, und Rostri konnte einige große saftige Libellen fangen. Dann entdeckte er einen riesigen *Stegosaurus*, der vorbeistampfte und dabei fraß. Schnell flogen Rostri und die anderen Pterodactylen auf den Rücken des großen Tieres. Wo der *Stegosaurus* hintrat, schreckte er viele Insekten auf, die Rostri und seine Verwandten fangen konnten.

Der kleine pflanzenfressende *Fabrosaurus* stammt aus der gleichen Zeit wie der Pterodactylus. Fabrosaurier wurden 1984 in Nordamerika entdeckt. Daß der *Stegosaurus* mit den großen Knochenplatten auf seinem Rücken ein Pflanzenfresser war, kann man an seinen Kieferknochen und seinem Gebiß erkennen.

Als sie auf dem Rücken des *Stegosaurus* dahinritten, hörten die Pterodactylen aus der Ferne dumpfes Grollen. Es gab heftige Explosionen, und aus den Bergen im Norden stiegen riesige Rauchwolken zum Himmel. Erschrocken flohen Rostri und die anderen Tiere vor den Explosionen. Schon bald legte sich eine heiße Wolke über das Land, die Bäume fingen Feuer und brannten lichterloh. Der Stegosaurus und andere langsame Dinosaurier konnten nicht schnell genug fliehen und erstickten an den heißen, giftigen Gasen.

Es gab zwei Arten von Vulkanen. Solche, die explodierten und Wolken von Gas und Asche in die Luft schleuderten, und solche, aus denen heiße Lava floß. Zur Zeit der Pterodactylen waren in Europa die explosiven Vulkane aktiv.

Dort, wo heute die Nordsee ist, brach vor 150 Millionen Jahren die Erdkruste auf. Vulkane erhoben sich, und Wolken von heißer Asche legten sich über große Gebiete. Aus dieser Asche entstanden verschiedene Mineralien, die heute im Gestein zu finden sind. Diese Mineralien sind der Beweis dafür, daß es im Jura zahlreiche Vulkanausbrüche gab.

Rostri und seine Verwandten flogen lange über flaches Land und kamen schließlich an ein kleines Meer. Sie landeten an der Küste in einer Gegend mit vielen kleinen Buchten. Am Strand, im feuchten hellen Sand, krabbelten bei Ebbe viele kleine Krabben und Krebse herum, die Rostri mit seinem langen Schnabel aufpickte. Es gab auch viele Insekten und Wasserasseln, die die Pterodactylen sich gut schmecken ließen. Ein riesiger *Megalosaurus*, der gerade eine reichliche Mahlzeit gefressen hatte, döste mit offenem Maul in der Sonne. Die Pterodactylen flogen zu ihm und pickten ihm die übriggebliebenen Fleischfetzen zwischen den Zähnen heraus.

In Süddeutschland hat man in Kalksteinschichten viele verschiedene Arten von Krebsen und Krabben gefunden. Sogar ein Krebs mit langen Scherenarmen und Wasserasseln wurden entdeckt. Manchmal liegen ihre Überreste direkt am Ende einer Spur, die sie noch kurz vor ihrem Tod durch den feuchten Sand gezogen haben. Noch heute gibt es Vogelarten, die anderen großen Fleischfressern Parasiten oder Nahrungsreste aus dem Gebiß picken.

Als die Flut langsam zu steigen begann, setzten sich Rostri und die anderen Pterodactylen auf etwas, das aussah wie ein Baumstamm. Sie warteten, daß mit der Flut Schwärme von kleinen Fischen in die Bucht kommen würden. Wie erschraken sie, als der »Baumstamm« plötzlich das Maul öffnete, um nach ihnen zu schnappen!

Quäkend flog Rostri davon und landete auf einem niedrigen Palmfarn. Er schlug aufgeregt mit den Flügeln und stellte seinen gerade erst gewachsenen Kopfschmuck hoch. Ein Weibchen aus der Gruppe kam angeflogen und gesellte sich zu ihm. Die beiden paarten sich, und bald legte das Weibchen fünf Eier in ein flaches Nest, das sie im sandigen Boden unter den Pflanzen scharrten.

Im gleichen Gestein wie den Pterodactylus haben Forscher Überreste von kleinen Fischen (*Leptolepis sprattiformis*) gefunden.

Bei manchen fossilen Pterosauriern konnte man einen Kopfschmuck erkennen, der wahrscheinlich benutzt wurde, um Weibchen anzulocken. Möglicherweise hatte dieser Kopfschmuck sogar leuchtende Farben. Man kann annehmen, daß die Pterodactylen im Frühling ihre Balzzeit hatten, genau wie viele unserer heutigen tropischen Tiere.

Während Rostri auf den Eiern saß und brütete, näherte sich eine kleine Herde pflanzenfressender *Camptosaurier*. Sie suchten nach Nahrung und traten dabei zwischen die Nester der Pterodactylen. Rostri und seine Verwandten flogen auf, um sich in Sicherheit zu bringen. Als die Herde vorbeigezogen war, hatten die *Camptosaurier* mit ihren Hufen viele der Nester zertreten. Auch Rostris Eier waren zerstört.

Rostri und sein Weibchen suchten sich einen neuen Nistplatz, und das Weibchen legte noch einmal Eier. Diesmal konnten sie ihre Jungen sicher ausbrüten.

Der *Camptosaurus* war etwa fünf Meter lang. Daß er in Herden lebte, kann man an den Fußspuren erkennen, die diese Saurier hinterlassen haben. Normalerweise gingen die *Camptosaurier* auf ihren Hinterbeinen. Wenn sie fraßen oder sich sehr langsam bewegten, benutzten sie aber auch ihre Vorderbeine. Auch das kann man an ihren Fußabdrücken erkennen.

Auf einer Lichtung in der Nähe der Bucht entdeckte Rostri den Kadaver eines pflanzenfressenden Sauriers, von dem einige junge *Ceratosaurier* fraßen. Auch *Coelurosaurier* flitzten hin und her und schnappten sich Fetzen von dem Fleisch. Wolken von Insekten schwebten über den Tieren. Hier konnten auch Rostri und seine Verwandten sich satt fressen.

Wahrscheinlich gab es unter den fleischfressenden Dinosauriern verschiedene Aasfresser. Forscher haben an Knochen Spuren entdeckt, die von Zähnen stammen könnten. Außerdem wurden auch abgebrochene Zähne in der Nähe gefunden.

An einem Nachmittag verdunkelte sich der Himmel. Blitze schossen aus schwarzen Wolken hervor, und es wurde immer windiger. Die Luft kühlte sich ab, und Hagelkörner groß wie Kieselsteine prasselten auf die Erde. Als der Sturm losbrach, wurden drei von Rostris Jungen von den riesigen Hagelkörnern erschlagen. Aber die beiden anderen konnten sich wie durch ein Wunder in Sicherheit bringen. Viele der erwachsenen Tiere überlebten, weil sie kopfüber in den Bäumen hingen und so vor dem Hagel besser geschützt waren.

Und dann brach der Sturm richtig los. Wind und Regen rissen Äste von den Bäumen und schleuderten die Pterodactylen durch die Luft.

An Spuren im Sandstein kann man erkennen, daß es zu dieser Zeit schwere Stürme gegeben haben muß.

Der Sturm schleuderte die Pterodactylen wie Herbstblätter bald hierhin, bald dorthin, bis sie schließlich weit aufs Meer hinausgetrieben waren. Als der Wind sich endlich etwas beruhigte, waren Rostri und seine Verwandten weit vom Land entfernt. Und sie waren zu erschöpft, um den langen Weg zurückzufliegen. Sie ließen sich auf die Wellen fallen und trieben noch eine Weile umher. Doch bald hatte sich ihr Fell mit Wasser vollgesogen.

Als die graue Dämmerung anbrach, wurde der Wind schwächer. Eine schwache Brise trieb Rostri und die anderen Pterodactylen ans Ufer zurück, wo sie bald vom feinen Schlamm bedeckt wurden.

Im Jahre 1794 wurde ein vollständiges fossiles Skelett gefunden. Sein Schnabel war offen, der Kopf weit zurückgebeugt und die Flügel ausgebreitet.

SCHRECKENSKRALLE

Ein fleischfressender Dinosaurier

Einleitung

Im Jahre 1969 beschrieb Professor John Ostrom von der Yale Universität zum ersten Mal den *Deinonychus antirrhops* (der Name bedeutet »schreckliche Kralle«), den gefährlichsten fleischfressenden Dinosaurier, der bisher bekannt ist. Die fossilen Überreste dieses Sauriers waren im Cloverly-Gebirgszug in Montana, USA, gefunden worden. Diese Gesteine stammen aus der Kreidezeit, sie sind also vor etwa 120 Millionen Jahren entstanden.

Der *Deinonychus* war etwa zwei Meter hoch und drei Meter lang. Er lief aufrecht auf seinen Hinterbeinen. Sein auffälligstes Merkmal waren die riesigen, sichelförmigen Krallen, von denen er an jedem Hinterbein eine trug. Wenn der *Deinonychus* ging oder rannte, konnte er die Krallen hochklappen, so daß sie nicht im Weg waren. An den Spitzen der Finger an den Vorderbeinen besaß er drei lange, scharfe Krallen. Die Handgelenke konnte er ganz herumdrehen, was – soweit bekannt ist – kein anderer Dinosaurier konnte. Der lange Schwanz war völlig starr und konnte nur auf und ab bewegt werden, um besser das Gleichgewicht zu halten.

Wahrscheinlich jagten die Deinonychosauier in Gruppen und konnten darum auch Tiere erlegen, die viel größer als sie selbst waren. Dies ist die Geschichte eines *Deinonychus antirrhops*, wie sie tatsächlich gewesen sein könnte. Wir erzählen von einem Weibchen, das wir Rhopa genannt haben.

Auf einem Höhenzug, von dem aus man eine weite Ebene überblicken konnte, hatte ein Deinonychus-Weibchen seine 16 Eier im Sand vergraben. Bald waren ein leises Klopfen und hohe Quiektöne zu hören. Mit ihren langen Fingern scharrte die Mutter den Sand zur Seite, die Eierschalen zerbrachen und die jungen Saurier konnten schlüpfen. Vorsichtig hob die Mutter die Jungen auf, einige in ihrem Maul, andere mit ihren Vorderkrallen. Neun von ihnen trug sie ins sichere Unterholz, wo sie ein Nest gescharrt hatte. Doch als sie zurückkam, um die restlichen Jungen zu holen, verschwanden zwei große Eidechsen eilig zwischen den Felsbrocken. Sie ließen Eierschalen und tote Saurierjunge zurück. Schnell kehrte die Mutter zu ihrem Nest zurück. Sie scharrte auf dem Boden und schreckte Insekten auf. Ihre Jungen schnappten mit den kleinen scharfen Zähnen hungrig nach Grashüpfern, Käfern und Termiten. Wohin die Sauriermutter auch ging, ihre Jungen liefen ihr nach. Das erste, das ihr folgte, war Rhopa.

Krokodile, die Verwandten der fleischfressenden Dinosaurier, kümmern sich liebevoll um ihre Jungen. Im Jahre 1979 wurden mehrere Brutplätze von Dinosauriern entdeckt. Deshalb nehmen die Wissenschaftler an, daß auch die Saurier für ihre Jungen sorgten.

Am Abend, als es zunehmend kühler wurde, bewegten sich die jungen Dinosaurier immer langsamer. Die Mutter trug sie zurück ins Nest. Wenn sie morgens wieder aufwachten, waren sie ganz ineinander verwickelt. Langsam begannen sie sich freizustrampeln. Erst als die Sonne heiß vom Himmel strahlte, waren sie richtig wach und konnten auf Nahrungssuche gehen. Eines Morgens, als die Jungen schon einige Wochen alt waren, ließ die Mutter sie allein, um auf die Jagd zu gehen. Plötzlich entdeckte ein hungriges *Deinonychus*-Männchen die Jungen. Es streckte eines seiner Vorderfüße aus und schnappte sich mit seinen drei scharfen Krallen drei Jungtiere. Die Kleinen strampelten um ihr Leben und quiekten, so laut sie konnten. Aber das Männchen schleppte zwei von ihnen davon, um sie zu fressen. Eines fiel ihm in seiner Eile wieder herunter. Rhopa und ihre Geschwister rannten entsetzt in alle Richtungen auseinander. Die Mutter hörte die Unruhe und kam schnell zurück, aber nur noch sechs ihrer Jungen waren am Leben.

In New Mexico sind im Jahre 1947 viele Skelette des leichtknochigen Fleischfressers *Coelophysis* gefunden worden. In ihren Mägen lagen noch die Überreste von Jungtieren der gleichen Art.

Nach einigen Monaten waren die jungen Deinonychosaurier schon ungefähr einen Meter lang. Jeden Morgen reckten und streckten sie sich im Sonnenschein, um ihre Körper aufzuwärmen. Bald waren sie wach und voller Energie. Jetzt konnten sie nach Insekten schnappen und auf die Jagd gehen. Eines Tages entdeckten sie einige große Eidechsen, die sich auf den Felsen sonnten. Die Eidechsen waren aber fast doppelt so groß wie die Deinonychosaurier-Jungen. Die Jungtiere blieben dicht beieinander, rannten auf die Eidechsen zu und fielen über eine von ihnen her. Mit den Krallen an ihren Hinterbeinen und den Klauen an den Vorderfüßen zerfetzten sie die Eidechse und fraßen sie.

Die Deinonychosaurier waren Kaltblüter, deshalb brauchten sie die Sonnenwärme, um Energie zu tanken. Weil sie kleiner waren, erwärmten sie sich schneller als die großen Eidechsen. Deshalb konnten sie die Eidechsen auch fangen. In den Mägen von einigen leichtknochigen Dinosauriern, wie etwa dem *Compsognathus*, hat man Reste von Eidechsen gefunden.

Als Rhopa und ihre Geschwister ein Jahr alt waren, wurden ihre Schwänze langsam starr, und die Kralle an den Hinterbeinen begann sich zu verhärten. Ihre Mutter verließ sie, um sich wieder ihrem alten Rudel anzuschließen. Eines Morgens begegneten die Deinonychosaurier einer Gruppe von jungen pflanzenfressenden *Protoceratopsiern*. Einer der Deinonychosaurier warf sich auf den nächsten *Protoceratops* und schlug ihm seine scharfe Kralle in den Nacken. Es gab einen schrecklichen Kampf, doch der Deinonychosaurier konnte sich nicht befreien. Beide Dinosaurier waren schwer verletzt und starben ineinander verkeilt. Plötzlich tauchte die *Protoceratops*-Mutter auf. Sie senkte ihren mächtigen Kopf drohend, und die Deinonychosaurier flohen.

1971 wurden in der Wüste Gobi das Skelett eines *Protoceratops* und eines Deinonychosauriers so ineinander verwickelt gefunden, wie es auf der Zeichnung abgebildet ist. Die Wissenschaftler nehmen an, daß der große Knochenschild auf dem Kopf des *Protoceratops* dazu diente, Angreifer abzuschrecken. Auf der Zeichnung sind auch Eichen und Rosen zu sehen, die es zu dieser Zeit schon gab.

Inzwischen waren zwei Jahre vergangen, und die fünf Geschwister waren erwachsen geworden. Wenn es tagsüber besonders heiß war, wateten sie gern im seichten Wasser am Rand von Seen umher. Wenn Rhopa und ihre Geschwister sich im warmen Wasser bewegten, scheuchten sie zwischen den Seerosen viele Frösche auf. Die Dinosaurier jagten die Frösche, fingen sie mit den langen Krallen an den Vorderfüßen und ließen sie sich gut schmecken. Auch kleine Schildkröten paddelten zwischen den Wasserpflanzen umher.

1980 fand man in Connecticut die ersten Beweise dafür, daß fleischfressende Dinosaurier auch schwimmen konnten. Man entdeckte fossile Fußabdrücke, bei denen die große Kralle an den Hinterbeinen nur ganz leicht den schlammigen oder sandigen Grund gestreift hatte. Zur Zeit der Deinonychosaurier gab es schon Frösche und auch einige noch heute bekannte Vögel, wie etwa Flamingos, Rallen und Teichhühner.

Eines Tages, als die Deinonychosaurier auf Nahrungssuche waren, begegneten sie einem riesigen *Tyrannosaurus*. Er verzehrte gerade die Reste eines Brontosauriers. Rhopa zögerte einen Moment, aber das Fleisch roch zu verlockend. Langsam wagten die fünf sich vorwärts. Der Tyrannosaurus drehte sich um und bleckte die Zähne, aber er bewegte sich nicht. Die fünf Deinonychosaurier beeilten sich, einige Fleischbrocken zu ergattern und machten sich dann schnell wieder aus dem Staub.

Der zwölf Meter lange *Tyrannosaurus* und andere große Fleischfresser konnten sich wahrscheinlich nur langsam vorwärtsbewegen. Deshalb nehmen die Wissenschaftler an, daß sie sich hauptsächlich von Aas ernährten. Es wurden Schwanzknochen von Brontosauriern gefunden, an denen deutliche Spuren von sehr großen Zähnen zu sehen sind. Diese Spuren stammen sicherlich von großen Fleischfressern. In der Nähe dieser Fundstelle entdeckte man auch abgebrochene Saurierzähne. Brontosaurier überlebten viele Millionen Jahre, bis zum Ende des Zeitalters der Dinosaurier.

In der Dämmerung kamen kleine pelzige Säugetiere hervor, um auf Nahrungssuche zu gehen. Manche von ihnen waren Pflanzenfresser. Andere fraßen Schnecken, Würmer und Insekten. Und die Deinonychosaurier gingen auf die Jagd nach den kleinen Säugetieren. Während ihrer abendlichen Jagd am Waldrand begegneten sie einer anderen kleinen Gruppe von Deinonychosauriern. Die beiden Gruppen taten sich zusammen. Nun waren es elf Tiere. Ein starkes Männchen aus der neuen Gruppe wurde zum Anführer für alle.

Die Deinonychosaurier hatten sehr große Augen, mit denen sie auch bei schwachem Licht noch gut jagen konnten. Unter den ersten Säugetieren waren Opossums, Spitzmäuse und eichhörnchenähnliche Pflanzenfresser.

Die Gruppe von Deinonychosauriern, die jetzt aus elf Tieren bestand, konnte viel besser und erfolgreicher jagen. Sie rannten auf ihre Opfer zu, wurden dabei immer schneller. Wenn sie ganz nah waren, sprangen sie hoch in die Luft und verletzten ihre Beute mit einem heftigen Schlag mit der sichelförmigen Kralle am Hinterbein. Selbst einen *Euhelopus*-Brontosaurier konnten sie auf diese Weise erlegen. Dann machte sich die Gruppe über die Beute her. Rhopa und der Anführer der Gruppe waren immer die ersten, die von dem Fleisch fraßen.

An *Euhelopus*-Skeletten, die in China gefunden wurden, kann man erkennen, daß diese Brontosaurier-Art bis zu elf Meter lang wurde. Die Deinonychosaurier dagegen waren nur etwa drei Meter lang.

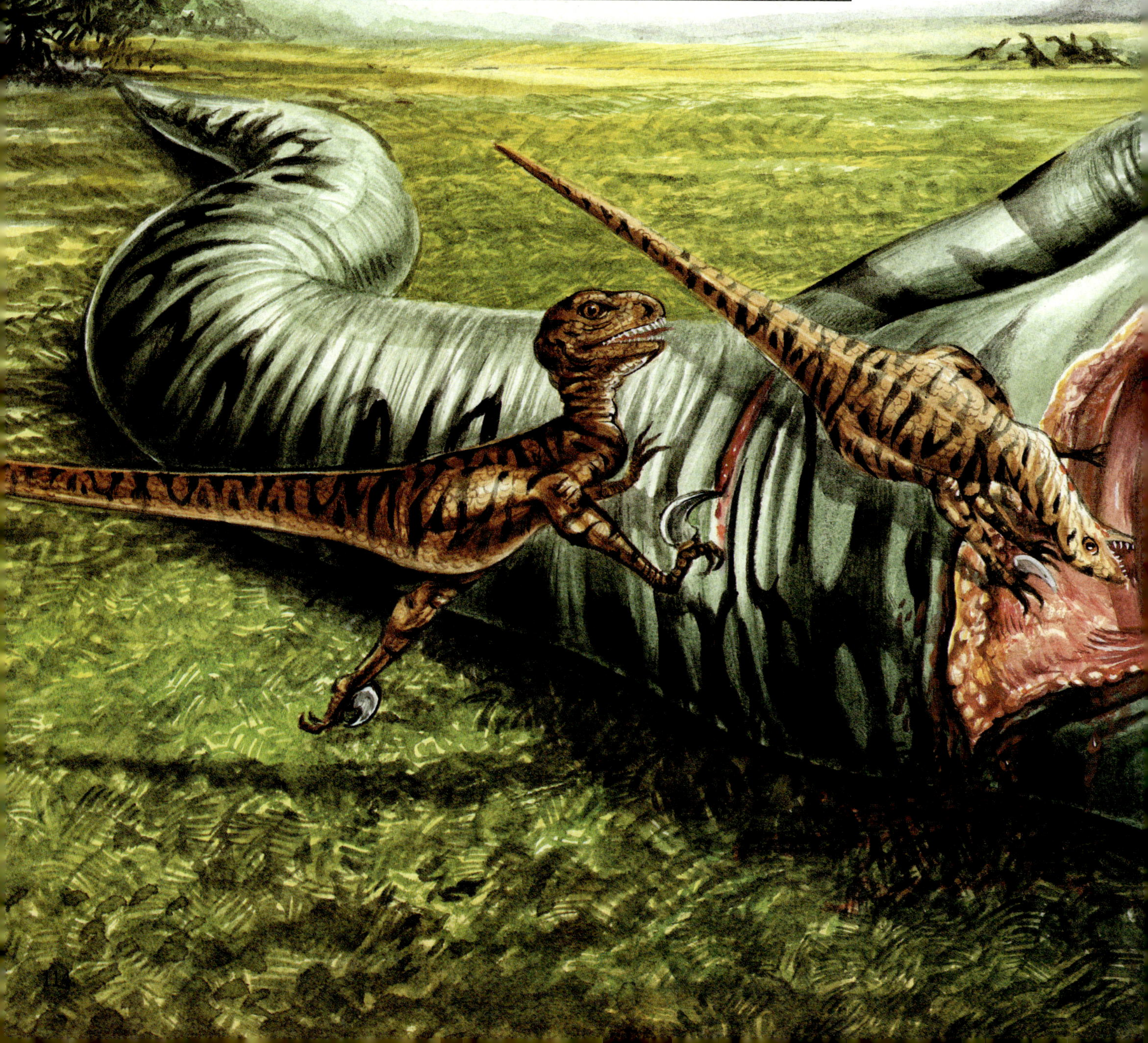

Während der Trockenzeit wurde der Boden immer härter und rissiger. Die Blätter an den Bäumen wurden spröde vor Wassermangel. Einmal waren schreckliche krachende Geräusche zu hören. Der Wind wurde immer heißer, und der Himmel füllte sich mit Rauch. Bald war die Sonne nicht mehr zu sehen. Flammen sprangen von Baum zu Baum, ein riesiger Waldbrand breitete sich aus. Dinosaurier, Säugetiere, Eidechsen und alle anderen Tiere flohen eilig vor der Hitze. In ihrer Angst brach die Deinonychosaurier-Gruppe auseinander, aber Rhopa und der Anführer blieben zusammen. So schnell sie konnten, liefen die beiden zu einem See, in dessen Wasser sie vor den Flammen in Sicherheit waren.

Reste von Holzkohle, die man im Gestein gefunden hat, beweisen, daß es in dieser Zeit Waldbrände gegeben hat. Möglicherweise wurden die Brände durch Vulkanausbrüche ausgelöst. Aber auch durch Blitzschlag können die trockenen Blätter in Brand geraten sein. Der Wind hat das Feuer dann weitergetrieben. Zu dieser Zeit gab es schon einige Bäume und Sträucher, die wir auch heute noch kennen, z. B. Eschen, Birken, Eichen, Stechpalmen und Hartriegel.

Nachdem das Feuer vorüber war, war die Erde kahl. Rhopa und der Anführer hatten überlebt, aber die anderen Tiere aus der Gruppe waren verschwunden. Viele der überlebenden Tiere wateten im See umher und suchten nach Nahrung. Pflanzenfresser wie die Entenschnabel-Dinosaurier, die normalerweise Tannennadeln und Zapfen fraßen, konnten sich nun von Wasserpflanzen ernähren. Rhopa und der Anführer der Gruppe hatten keine Nahrungssorgen. Es gab so viele geschwächte Pflanzenfresser, daß sie immer eine Beute fanden. Eines Tages erlegten sie sogar einen *Stegoceras*.

Viele der großen, schweren Dinosaurier konnten sich nicht schnell genug bewegen, sie kamen bei den Waldbränden ums Leben. Aber die leichtknochigen Deinonychosaurier konnten vor den Flammen davonlaufen. Manche große Dinosaurier hielten sich gern im Wasser auf, z. B. Brontosaurier. Sie hatten eine gute Möglichkeit, dem Feuer zu entgehen. Daß die Entenschnabel-Dinosaurier sich von Tannennadeln und Zapfen ernährt haben, weiß man, weil man bei fossilen Tieren Überreste dieser Nahrung im Magen gefunden hat.

Als die Regenzeit kam, wuchs in der kahlen Landschaft bald neues Grün heran. Rhopa war jetzt drei Jahre alt und konnte Junge bekommen. Der Anführer der Gruppe näherte sich ihr. Er hielt sie mit den Vorderbeinen fest und drehte seinen Körper so, daß die Unterseite seines Schwanzes Rhopa berühren konnte. So paarten sich die beiden.

Bald zog Rhopa sich in die felsigen Hügel zurück. Zusammen mit drei anderen Weibchen fand sie dort einen abgeschiedenen Platz, wo sie ein Loch in die Erde scharrte. Sie hockte sich darüber und legte ihre Eier. Jedesmal, wenn sie ein Ei gelegt hatte, rückte sie ein Stückchen weiter, so daß die Eier schließlich im Kreis lagen. Anschließend legte sie einen zweiten Kreis von Eiern auf den ersten. Sie bedeckte die Eier mit Sand und blieb während der nächsten drei Monate meistens in der Nähe dieses Nestes.

1982 wurden in Montana Brutkolonien von Dinosauriern entdeckt. In der Mongolei und China erhaltene Gelege zeigen, daß die Eier in sauberen Kreisen abgelegt wurden. Dabei lagen jeweils zwei Kreise von Eiern aufeinander.

Rhopa bewachte ihr Nest und verteidigte ihre Eier gegen andere Fleischfresser. Aber einmal am Tag mußte sie doch auf Nahrungssuche gehen. Einmal, als sie gerade auf der Jagd war, entdeckten vier Saurier, die wie Strauße aussahen, den Nistplatz und scharrten mit ihren Füßen einige Nester frei. Sie zerbrachen die Eier mit den Schnäbeln. Als Rhopa zurückkam, stürzte sie sich auf die Nesträuber, die schleunigst flohen.

Rhopa verscharrte ihre restlichen Eier wieder. Nach einiger Zeit schlüpften sechs Junge aus. Nun mußte Rhopa mehr Nahrung suchen. Sie verschlang Fleischbrocken und würgte sie für ihre Jungen wieder heraus. Sie mußten besonders auf Schlangen achtgeben, die es auch auf ihre Jungen abgesehen hatten.

Ein *Oviraptor* (der Name bedeutet »Eierräuber«) wurde in der Mongolei neben einem Nest voller zerstörter *Protoceratops*-Eier gefunden. Die Schlangen zu dieser Zeit haben wahrscheinlich in Erdlöchern gelebt und junge Dinosaurier gefressen. Vögel füttern ihre Jungen, indem sie Nahrung erst verschlucken und sie dann für die Jungen wieder hervorwürgen. Es ist sehr wahrscheinlich, daß die Deinonychosaurier es genauso gemacht haben. Viele Wissenschaftler sind der Meinung, daß unsere heutigen Vögel direkte Nachkommen der leichtgebauten fleischfressenden Dinosaurier sind.

Eines Tages war Rhopa wieder auf Nahrungssuche. Auf einer Ebene am Rand eines Sumpfgebietes begegnete sie einer anderen Gruppe von Deinonychosauriern. Sie umzingelten gerade einen *Tenontosaurus*, einen großen Pflanzenfresser. Aber der Boden war so weich, daß die Deinonychosaurier bei ihrem Angriff nicht gut abspringen konnten. Der *Tenontosaurus* schlug heftig mit seinem starken Schwanz um sich, und die Deinonychosaurier fielen ohnmächtig in den Schlamm. Aber auch der riesige Pflanzenfresser war schwer verwundet und brach zusammen. Als er stürzte, begrub er einige der kleineren Fleischfresser unter sich und zerquetschte sie. Die Deinonychosaurier, die schon ihre Krallen in die Haut des *Tenontosaurus* geschlagen hatten, wurden umgeworfen. Einige brachen sich die Hinterbeine bei dem Sturz. Rhopa konnte sich befreien, aber ihre beiden Sichelkrallen waren abgebrochen. Sie hatte ihre wichtigste Waffe verloren.

Die ersten Deinonychosaurier wurden in Montana entdeckt. Die Reste von sechs Tieren lagen zusammen mit denen des großen Pflanzenfressers *Tenontosaurus* an der Fundstelle. Sechs Jäger und ein Beutetier könnten an dieser Stelle so ums Leben gekommen sein, wie wir es in unserer Geschichte geschildert haben.

Zerzaust und verwundet humpelte Rhopa davon. Sie konnte mit den anderen Tieren der Gruppe nicht mehr Schritt halten. Aber sie wußte, daß sie sich in Sicherheit bringen mußte, bevor die Aasfresser kamen, um sich über die Reste ihrer toten und verwundeten Verwandten herzumachen.

Ohne ihre Sichelkrallen konnte Rhopa zwar keine lebende Beute mehr erlegen. Aber ihr Jagdinstinkt war immer noch wach, und er wurde immer wacher, je größer ihr Hunger wurde. Sie folgte einer kleinen Gruppe von Deinonychosauriern durch die Felsenlandschaft. Immer, wenn die Saurier eine Beute erlegten, fraß Rhopa von dem, was sie übrigließen. So konnte sie überleben. Jetzt war Rhopa kein Jäger mehr, sie war zu einem Aasfresser geworden. Einmal fand die Gruppe, der sie folgte, die Reste eines Deinonychosauriers. Aber die Tiere erkannten nicht, daß es ein Artgenosse gewesen war. Hungrig fraßen sie das Fleisch. Plötzlich hörten sie mächtige Flügel schlagen. Sie blickten auf und entdeckten einen *Quetzalcoatlus*, einen Aasfresser, der unseren heutigen Geiern ähnlich war. Eilig flohen die Deinonychosaurier.

Fleischfressende Reptilien jagen zwar ihre Beute, fressen aber auch jedes andere Fleisch, das sie finden. Dabei machen sie keinen Unterschied, ob es ein Artgenosse oder ein anderes Tier ist: es ist eben Nahrung. 1975 fanden Forscher in Texas die Reste eines *Quetzalcoatlus*, der zu den Pterosauriern gehört. Er muß eine Flügelspannweite von mindestens zehn Metern gehabt haben.

Rhopa versteckte sich hinter den Felsen, bis ein *Palaeoscincus* vorbeikam, ein langsam kriechender Ankylosaurier. Er schien ihr eine leichte Beute zu sein, und sie stürzte sich auf ihn. Mit einer raschen Bewegung drehte sich der Ankylosaurier seitwärts und wandte Rhopa eine Reihe spitzer Stacheln zu. Sie landete mit ihrem ganzen Gewicht auf diesen Stacheln und starb. Der Ankylosaurier trottete weiter und ließ Rhopa zwischen den Felsen zurück.

Deutsche Ausgabe:
ISBN 3-8212-1298-5

Am Hehsel 40, 22339 Hamburg
Übersetzt aus dem Englischen von Wiebke Diederichs, Hamburg
Lektorat: Dr. G. Böhme, Berlin
Satz: KCS GmbH, Buchholz/Hamburg

Printed in Italy